Taai ao te Aonnaaba

Te korokaraki iroun Tekaribwa Boota
Te korotaamnei iroun Romulo Reyes III

Library For All Ltd.

E boutokaaki karaoan te boki aio i aan ana reitaki ae tamaaroa te Tautaeka ni Kiribati ma te Tautaeka n Aotiteeria rinanon te Bootaki n Reirei. E boboto te reitaki aio i aon katamaaroaan te reirei ibukiia ataein Kiribati ni kabane.

E boreetiaki te boki aio iroun te Library for All rinanon ana mwane ni buoka te Tautaeka n Aotiteeria.

Te Library for All bon te rabwata ae aki karekemwane mai Aotiteeria ao e boboto ana mwakuri i aon kataabangakan te ataibwai bwa e na kona n reke irouia aomata ni kabane. Noora libraryforall.org

Taai ao te Aonnaaba

E moan boreetiaki 2022
E moan boreetiaki te katootoo aio n 2022

E boreetiaki iroun Library For All Ltd
Meeri: info@libraryforall.org
URL: libraryforall.org

Te korotaamnei iroun Romulo Reyes III

Atuun te boki Taai ao te Aonnaaba
Aran te tia korokaraki Boota, Tekaribwa
ISBN: 978-1-922895-95-0
SKU02387

Taai ao te Aonnaaba

Te aonnaaba kanga ai aron taraakin te booro ae mronron ae iai te kai ae tiki rikaaki i nuukana mai tabona mai eta, nako tabona i nano.

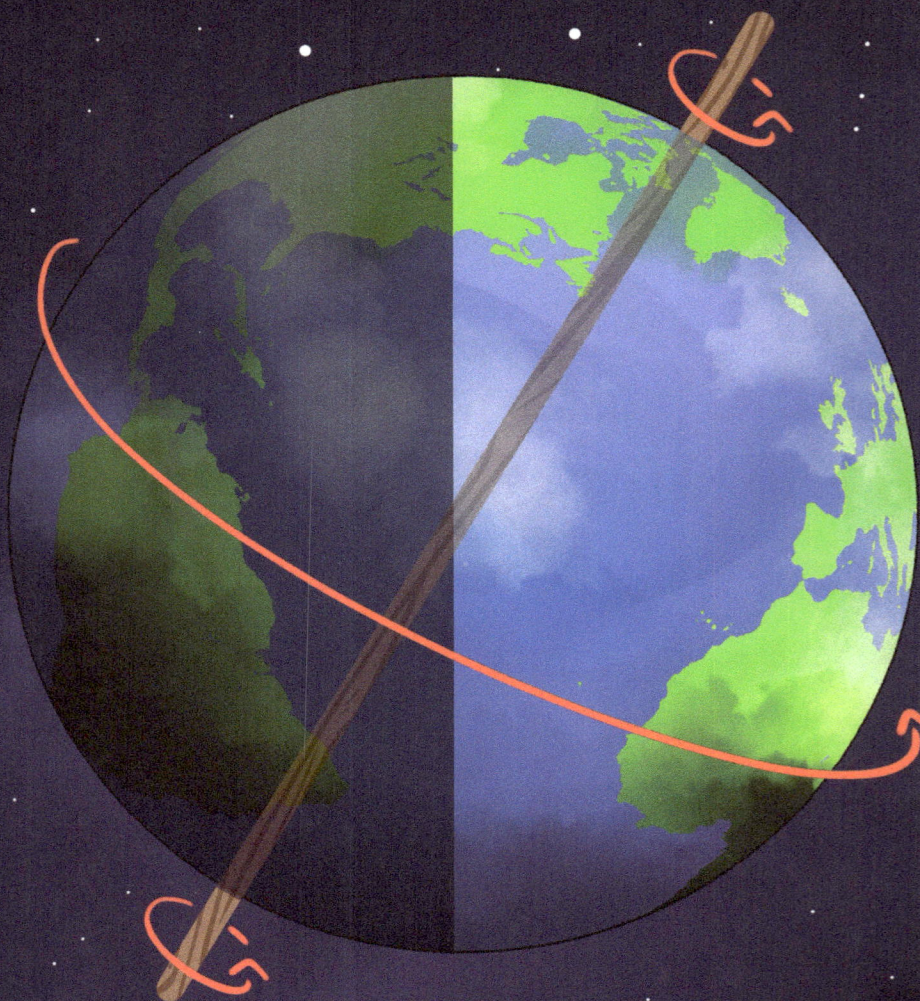

E tei te aonnaaba n
aki etirake raoi ma e
rarikiriki teutana.

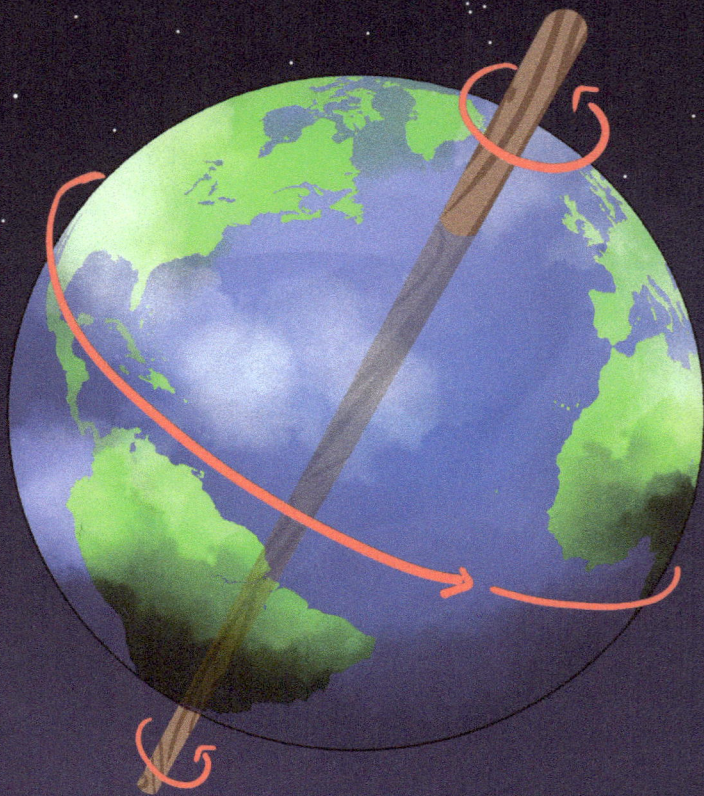

E aki tei n ana tabo te
aonnaaba ma e minomino i
aon kaina are e tiki rinuuka.
I nanon uabwi ma aua
te aoa ao e bwanin raoi
minominona i aon kaina.

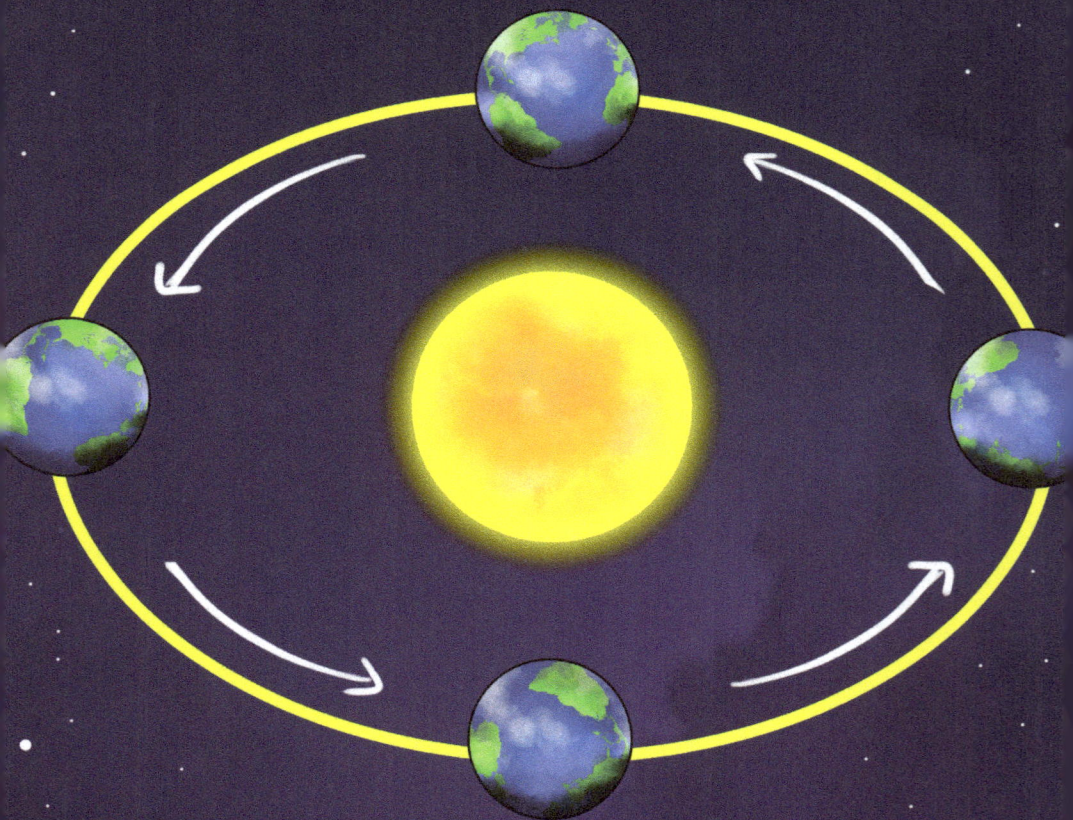

E aki ti minomino te
aonnaaba i aon kaina
ma e mwaingiing naba
ni katoobibia taai.

Tianuare

Maati

BeBeruare

Tun

Mei

Eberi

Turai

Aokati

Tebetembwa

Ritembwa

Nobembwa

Okitonwa

10

E kabanea tenibubua
onobwi ma nimaua te
bong ke teuana te ririki ao
e bwanin katoobibian taai.

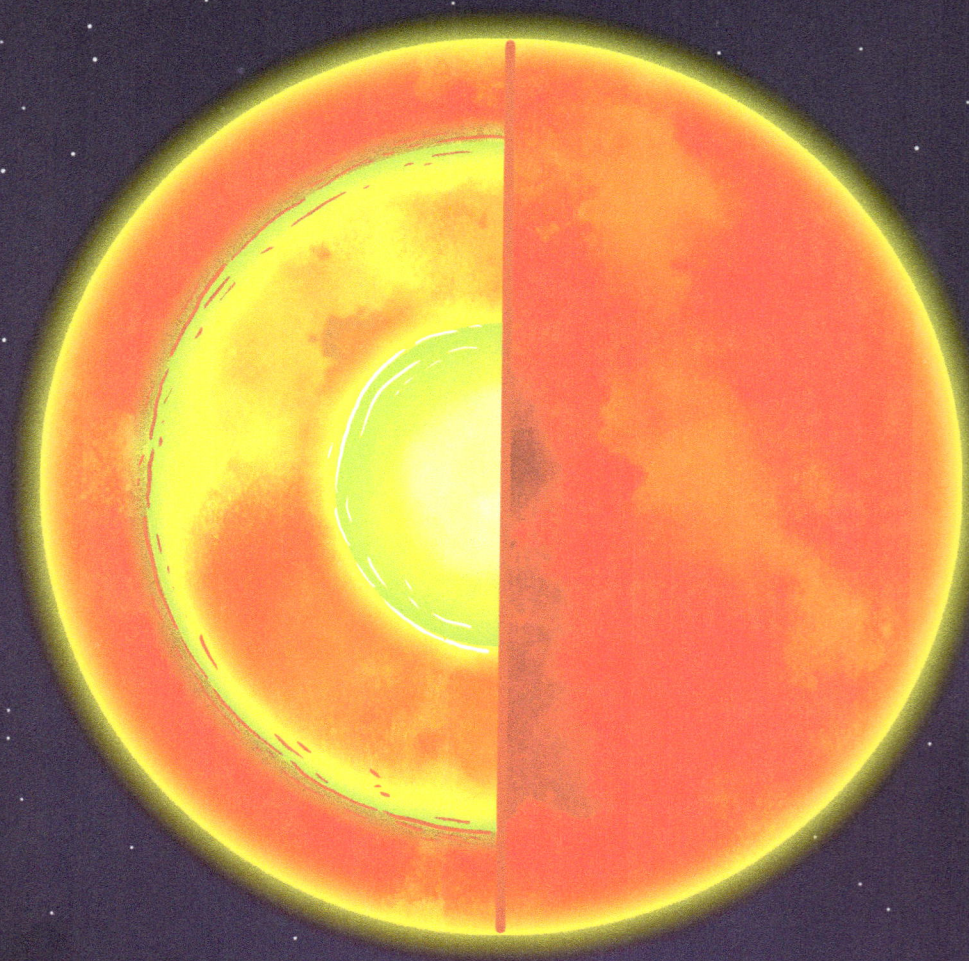

Taai bon tein te booro
ae kakanoa ni kaeti aika
a rangi ni kabuebue.

E kanaanakoa te oota ae
rangi n ootamwaaka ae e
kona n nooraki ootaana
man te aonnaaba.

E rangi n raroa taai ma te aonnaaba bwa tebubua nimabwi te miriron te kiiromiita raroaia.

Ngkana e mino te
aonnaaba ao ti bane
n ira minona.

Ngkana ti roko n te tabo ae kaaitaraa taai ao ti kona n noora ootan taai. E aranaki bwa te ngaina.

Ngkana ti roko n te tabo are e a raba iai matara man taai, ao ti aki kona n noora ootan taai. E aranaki bwa te bong.

Ko kona ni kaboonganai titiraki aikai ni maroorooakina te boki aio ma am utuu, raoraom ao taan reirei.

Teraa ae ko reiakinna man te boki aio?

Kabwarabwaraa te boki aio.
E kaakamanga? E kakamaaku?
E kaunga? E kakaongoraa?

Teraa am namakin i mwiin warekan te boki aio?

Teraa maamaten nanom man te boki aei?

Karina ara burokuraem ni wareware
getlibraryforall.org

Rongorongoia taan ibuobuoki

E mmwammwakuri te Library For All ma taan korokaraki ao taan korotaamnei man aaba aika kakaokoro ibukin kamwaitan karaki aika raraoi ibukiia ataei.

Noora libraryforall.org ibukin rongorongo aika boou i aon ara kataneiai, kainibaaire ibukin karinan karaki ao rongorongo riki tabeua.

Ko kukurei n te boki aei?

Iai ara karaki aika a tia ni baarongaaki aika a kona n rineaki.

Ti mwakuri n ikarekebai ma taan korokaraki, taan kareirei, taan rabakau n te katei, te tautaeka ao ai rabwata aika aki irekereke ma te tautaeka n uarokoa kakukurein te wareware nakoia ataei n taabo ni kabane.

Ko ataia?

E rikirake ara ibuobuoki n te aonnaaba n itera aikai man irakin ana kouru te United Nations ibukin te Sustainable Development.

www.ingramcontent.com/pod-product-compliance
Lightning Source LLC
Chambersburg PA
CBHW040317050426
42452CB00018B/2880